पुस्तक की आग

लेखक

दिलीप सहनी अनुजा

पुस्तक की आग

लेखक- दिलीप सहनी अनुजा

प्रकाशक - NOTION PRESS

संस्करण - प्रथम

प्रकाशन वर्ष - अक्टूबर, 2024

मूल्य - 180 रूपये

❖ भूमिका

मैं पंडित या ज्ञानी नहीं हूँ, मैं बहुत सीधा और सरल हूँ। हम ऐसे समाज में जीते हैं। जहाँ अनेक प्रकार की समस्या देखने को मिलती है। चाहे दुःख हो या खुशी, दर्द हो या तन्हाई, नाकामयाबी हो या गरीबी, मैंनें उन सभी पलों को देखा और जिया है और कोई भी कविता तभी अमर होती है जब आपने उसे देखा हो और जिया हो, मैं अपने जीवन में जो कुछ भी सिखा जो कुछ भी मेरे साथ घटित हुआ है। वो सब मैं अपनी कविता के माध्यम से कहने का प्रयास किया हूँ। मैं अपनी कविता आप सबको समर्पित करता हूँ। मुझे आशा है कि मेरी कविता आप सबको पसंद जरूर आएगी और मेरी पंक्तियाँ आपकी रूह तक जरूर पहुँचेगी। मैं अपने पाठकों के प्रति आभार व्यक्त करता हूँ।

❖ शुकराना

सच है जब भी कुछ निर्माण होता है तो उसके पीछे किसी न किसी का हाथ जरुर होता है। मेरी माता जी श्रीमती रमनी देवी, मेरे पिताजी श्री रामचंद्र सहनी जिन्होंने पूरे परिवार के पोषण के बाद भी खर्च नहीं हुए। मेरे दादाजी श्री किशोरी सहनी, मेरी दादी श्रीमती रामपरी देवी जिन्होंने जन्म तो नहीं दिया लेकिन उससे कहीं बढ़कर दिया। मेरे साथी नरेंद्र सिंह, गुरदेव सिंह और विशेष रूप से मुकेश शर्मा इन सभी में से किसी एक के न होने का मतलब था, मेरा ना होना। "प्यार माँ" पुस्तक के संकलनकर्ता नीरज यादव जी का तहेदिल से आभार जिन्होंने इस पुस्तक को प्रकाशित कराने में सहयोग किया।

आप सबका आभार!

अनुक्रमणिका

वसंत ऋतु

अपना रूप खूब दिखाती है,
हेमंत।
सब रास्ता छोड़ देते जब आती है,
वसंत।
इस सूचना से ही प्रकृति कितना,
खुश होती है।
बिना देरी किए क्षण में कपड़े,
बदल लेते हैं।
रहता है पुरवासी को बड़ा इसका,
इंतजार।
बच्चें मनाते हैं वसंत पंचमी का,
त्योहार।
खरहा (खरगोश) दूभी के फुन्नी नोच-नोच,
खाता है।
आम अपनी डाली पर लहक-लहक,
गाता है।
होते हैं देवताओं के लिए दिन ये भी,
खास।
सब खुशियाँ मनाते हैं रात को रचाते,
रास।

पुस्तक की आग

आसरा दूसरों के प्रति कर,
विजय नहीं तू पाएगा।
राह में निकल पड़ा तो,
धूल कंक्रीट खायेगा।

क्षत्रिय सा शरीर रख,
नरत्व को पा जाएगा।
कठोर सूक्ष्म अधम से,
क्या जग में नाम पाएगा।

छाँटते जा पीले पत्ते,
हरे-भरे लहलहाने दे।
रह खड़ा निर्जन वन में,
पहले मरण बाद जीने दे।

जो तपता है वो तपस्वी है,
जिसके संग दुर्भाग्य हो है बड़भागी।
मोद की लालसा न हो,
वही है सबसे बड़ा अनुरागी।

कहता पाठ्य पुस्तक,
वसंत जरूर आएगा।
लेकिन शीत बीतने दे,
अंततः जय तुम्हें गले लगाएगा।

भगत सिंह

नव ज्योत्सना का अंकुर हूँ,
सदैव हम तीनों जगमगाऊँगा।
ये फूलों के हार हमारे,
अलावा और किसे भाएगा।

मनोबल हमारा पूर्वजों से है,
जो अति उत्तम शूरा सा है।
इसका जलपान वही करें,
जो सदैव पूरा-पूरा सा है।

इससे ज्यादा और क्या,
प्रशस्ति जग से पाने में है।
पुण्य-पुंजित कर अति और
कौन सा कर्तव्य निभाने में हैं।

भीयभीत न अंतर मन है,
कुशल समृद्ध सब जन हैं।
वृथा है जीवन पावक का,
जो जल में ना गमन है।
कट रहा हूँ माँ पर,
कितनी शाखें लहरा रही।
इंकलाब का सैलाब अब,
किस तरह फहरा रही।
माँ देख ! श्वेत सुंदर सारंग,
सजीली रथ आ रहा है।
जहाँ मुझे जाना है,
कौन उसे सजा रहा है।

व्यर्थ इसे मत बहा माते
ये दिव्य आलोकित आँसू है।
ये आभूषण से सुशोभित बदन,
के लिए रुद्र तरह खाते है।

अब सोने दे माँ मुझे,
सोने को जी चाहता है।
इससे भी ज्यादा और कुछ,
पाने को जी चाहता है।

ग्रामीण सौंदर्य

वैसा सौंदर्य दृश्य,
कहाँ भागीदार रहा नयन अब।
वो प्राचीन अतीत को,
भूले नहीं भुला पाता हूँ।
वर्तमान को देखकर,
मैं अधिक पछताता हूँ।

वो मनोसुहासिनिम दृश्य,
जिससे रोम, हृदय,
आत्मा और प्यासी काया और थकावटी देह,
सब कनक सा प्रफूल्लित,
देखते ही हो जाता था।
वो सब लुप्त हो गया।
चौतरफा चिड़ियों का चहकना,
और प्रातः काल की जयकारें।
अखाड़ा, आँगन और खलिहान,
उस समय के पनघट और पनहारन।
सड़कों की फूलबाड़ी और बैलगाड़ी,
वो सब पवन सम्मिलित हुआ।

मटकी से छलकता जल,
कुआँ के निर्मल नीर,
बाजरा कोदो सांवा बेनज़ारे है।
निर्धन साधु जैसा मनुज,
भू-भाग पर मिट्‌टी धूल हुआ,
वो सब अतीत हुआ।

आज़ादी

वर्षों बाद माँ अपने सूतों को,
रुधिर पिलाती है।
ममतामय दृष्टि से देख रही,
बल्कि नयन नहीं जुराती है।

चूह - चूह कर चंपा चमेली,
दिल खोल के बोल पड़े।
नदियाँ,झील, झरना आदि,
सब नई कहानी छोड़ चले।

मही से अम्बर तक,
आमोद-प्रमोद का वास होगा।
जो काया तपती थी,
अब उस पर बरसात होगी।

हिमगिरिहिमराज हिमालय भी,
कैसे आज खिलखिला रहा।
स्वर्गलोक की परियाँ भी,
आज धारा पर मंडरा रही।

लगता है अयोध्या को राम,
वृंदावन को श्री कृष्ण,
अथवा दुर्योधन को कर्ण,
आज मिल गया।

स्वतंत्र जोशना अंकुरित हुई,
पुलकित मन संतुलित हुआ।
जीवन सुगंधित होकर,
सब में सब सम्मिलित हुई।

मोद ही मोद बाँटते फिरते है,
हर किसी को हर एक प्राणी।
वन्य, जीव जलचर बच्चें, बूढ़े,
सबके आज उचट पड़े है जवानी।

स्वतंत्रता दिवस

आज के दिन वीरों को,
अर्पित शोक - ए - सलाम करें।
बहती हुई रक्तधार को,
हम सब पहचान करें।
इस मिट्टी में मिल के कोई,
केसरिया पर कुर्बान हुआ।
कोई रंगो में ढलकर,
श्वेतों सा महिवन हुआ।
कोई गंगा में बहकर,
पुण्य - पूज्य प्राण हुआ।
जिस आवरण में स्वर्ग सिधारे,
उस पवन का गौरवगान हुआ।
विश्व को नव आलोक देकर,
मंद-मंद छायावन हुआ।
भगत कच्ची उम्र में ही,
दुश्मनों के महाकाल बने।
झाँसी कृपाण धर,
महाप्रचंडी धार बनी।
ऐसे वीर सूतों को हम सब,
आओ गुणगान करें।
आज के दिन वीरों को,
अर्पित शोक - ए - सलाम करें।

हुए है अदृश्य नहीं ये,
सबकी रगों में हैं प्रवाह इनका।
अपना हर एक रोम-रोम सदैव,
रहेगा कर्जदार इनका।

तो आओ हे प्रकृति के सूतों,
नदी, खग, हिम, हिमरानी,
आओ सब जयगान करें।
आज के दिन वीरों को,
अर्पित शोक - ए - सलाम।

किसान

बीज से जब तू अंकुर होता,
आश्चर्य होकर रह जाता हूँ।
ज़िंदगी देने के लिए तुझे,
धूप, तूफान, बारिश, ठंडी,
लू को भी भूल जाता हूँ।
बचपन, जवानी, बुढ़ापा आया,
ज़िंदगी में तुझे ही अपनाया हूँ।
सूरज की उगती किरणों से लेकर,
सूरज की ढ़लती किरणों तक,
तुम्हें लहलहाते देखकर,
फूला नहीं समाता हूँ।
जरा-सी मुरझाती हो तुम तो,
मैं भी सुकून कहाँ पता हूँ।

पौधा

बीज से तुमने पौधा बनाया,
हर आवश्यकता को पूरा किया।
सारा दिन रहते हो साथ मेरे,
तो खुशी बड़ी होती है।
शाम को जब घर जाता,
दुःख बड़ा होता है।

बंजर ज़मी

मैं बंजर ज़मी, मृगतृष्णा से
वंचित काया।
किंचित नहीं मुझपर, किसी ने
प्यार दर्शाया।
न धरते मनुज मुझपर पग,
नहीं बादल टहलने आते हैं।
उधर छाया है मधुमास,
और मैनी खेलने आते है।
बड़ा शौक था मेरे शरीर पर,
कमीज़धारित बीज अखियाँएगी।
मैं भी हूँ उपजाऊँ,
सबको आभास कराऊँगी।

मैनी (चिड़ियाँ की एक प्रजाति जो ख़त्म होने की कगार पर है)

ज्योत जलाओ रे

आओ ज्योत जलाओ,
अंदर से अंधकार मिटाओ रे।
जो कभी ख़त्म न हो,
आओ ऐसा कुछ कमाओ रे।

विपत्ति भरी राह है,
इसे तोड़ जाओ रे,
तनिक गंभीर होके,
सोचो विचारों रे,
इंसान,पशु में भिन्नता पाओ,
जग में प्रतिष्ठा पाओ,
इसमें आके निहाओ रे,
आओ ज्योत जलाओ रे।

इसका भी ध्यान धरो,
बड़ा लक्ष्य है तुम्हारा,
लक्ष्य हेतु इसे अर्जित करो,
अडिग हो विश्वास तुम्हारा,
क्षणिक भर की लालिमा है,
सूरत और पहनावा उसके,
पान करके विवेका बुद्ध कहलाओ रे,
आओ ज्योत जलाओ रे।

पुस्तक से प्रेम करो,
दुनिया में मिशाल बनो,
नई जीवन में रंग भरो,
वनराज सा विशाल बनो,
पानी में गर्दी बहुत है,

पात्रों में घूमते हुए,
छान कर पी जाओ रे,
आओ ज्योत जलाओ रे।

सक्षम नहीं हो क्या,
इसका बीड़ा उठाने को,
नींद को त्याग कर,
सत्य को पाने को,
आए समय तो उत्स बनो,
चखकर पावक संतुष्ठ बनो,
पहले से तैयार रहो रे,
आओ ज्योत जलाओ रे।

किस घाट का पानी पीऊँ

किस घाट का पानी पीऊँ
सगरो विष का प्रकोप फैला।
था तंदुरुस्ती नमक रोटी खाइके,
होत न है अब, घी मलीदा पाइके।

उम्र घट के बच गई चार दिन,
दो कदम चल नहीं सकत चप्पल बिन।
लोग उठते हैं, सूरज भैया के बाद।
आँख की रोशनी जात, आवत है तब याद।

दस किलो उठाने में,
पटकते है चार पटका,
शरबत की जगह लेली,
कुल्फ़ी और मटका।

मन खोजता चटपतटी,
तभी तो जीवन होती है छोटी।
सतुआ, मरुआ, अलुआ खो गया।
बर्गर चाऊमीन से आँटी हुई मोटी।

किताबों से दुश्मनी फोन से रिश्ता,
हमेशा रोते है आवत है जब किस्ता।
काम करते आठ सोते दस घंटे,
फुर्ती तो है ही नहीं सुस्ती में रहते।

जन्म से जनाजे

जब जन्म हुआ तो,
कवच खो गया।
जब बचपन आया तो,
माँ खो गई।
जब प्रेम समझा तो,
बाँह खो गई।
जब शब्द समझा तो,
भाषा खो गई।
जब जोश आया तो,
होश खो गया।
जब गाँव आया तो,
छाँव खो गई।
जब जीतने वाला था तो,
दाँव खो गया।
जब बाढ़ आई तो,
नाँव खो गई।
सब भूल जीने लगा तो,
उम्र खो गई।
जब कर्जा चुकाने लगा तो,
सपना छूट गया।
जब कर्जा चूक गया तो,
मैं खुद कट गया।

एक बात

रेलवे स्टेशन से बस स्टेंड तक,
गाँव शहर से घर तक,
कोचिंग से कॉलेज तक,
एक ही बात याद आती है,
रोज भीगता हूँ मगर मुझे,
एक ही बरसात याद आती है।

वो जो तुमने मेरे लिए लिखी थी,
पढ़ता हूँ तो मायूस सा लगता है।
उसके अक्षर शब्द मतलब,
सब के सब खामोश सा लगता है।
तूने जो कविता गेस की थी,
पढ़ता हूँ तो बेहोश सा लगता है।
सामने निकलते है अर्थ कितने मगर,
एक ही ख्यालात याद आता है।
रोज भीगता हूँ मगर,
एक ही बरसात याद आती है
बारीकी जानने चला था,
बाहर से भी न जान पाया।
धन कमाने चला था,
भूख की रोटी भी ना कमा पाया।
सूरज जब भी देखूँ ढलता दिखाई देता है।
चाँद अंधेरी रात में जलता दिखाई देता है।
दुनिया से हार बैठूं तो,
एक ही सवालात याद आता है।
रोज भीगता हूँ मगर,
एक ही बरसात याद आती है।

किसान की पीड़ा

उसकी विवशता समझे कौन,
जिसे बेटे से भिन्न न मानते वे।
सारी सकल समुदाय हेतु,
उसे काट लाते वे।

कर्म में उसे डटना ही है,
धर्म में उसे कटना ही है।
हर खुशियों का भागीदार हैं वो,
हर प्राणी का जीवन आधार है वो।

सारे कर्तव्य अपने कंधे धर,
ज़िम्मेदारियाँ अपने सिर ढ़ोता हैं।
दुनिया को बड़ा करने में,
खुद रह जाता छोटा है।

जिसने तपती धूप तपी,
पानी सा पसीना बहाया।
वैसे जीवनदायक प्राणी ने,
सुख चैन कहाँ पाया।

प्लास्टिक गाड़ियाँ उगाने वाले,
एशो आराम से मेरे मलवा खाते है।
खुरपी, कुदाल चलाने वाले,
ज़िंदा दफ़न हो ही जाते है।

पैरों में कभी न धूल लगी,
चखी कभी न धूप एक निवाला।
उसे भारतरत्न या पद्मभूषित का,
मान-सम्मान दिया जाता है।

जो खेतों में जीवनदान दिया,
सरहद पर बेटे बलिदान किया।
वैसे बूढ़े किसान बाप को,
कहाँ कोई मान-सम्मान दिया।

धन्य हैं ! भारतभूमि के साहबजादे,
जिसने ऐसी दुर्दशा बनाई है।
जो महि के दाता है,
उसी की फूटी क़िस्मत और काया है।

धूल में पला मैं बड़ा हुआ

धूल में पला मैं बड़ा हुआ,
इसलिए अपने पैरों पर खड़ा हुआ।
आधा पेट धूल से भरते,
भर लेते आधे दानें से।
कभी नहीं घबराता,
धूल में लिपट जाने से।

ऐसे नहीं होते है कोई सफल,
करना होता है रिश्ता बाधा से।
ऐसे नहीं होते है कोई भी महान,
करना होता है सौदा निंदो से।
उसको किसी भी समय देखो,
लगेगा कि है युद्ध लड़ा हुआ।
धूल में पला मैं बड़ा हुआ,
इसलिए अपने पैरों पर खड़ा हुआ।

जो जीवन में न कुछ करते हैं,
और नहीं आगे की सोचते हैं।
जो वर्तमान को न सफल बनाते हैं,
और इस पर ध्यान ना करते हैं।
उनको ऐसे ही हटाया जाएगा,
जैसे दर्जनों केले में हो एक सड़ा हुआ।
धूल में पला मैं बड़ा हुआ,
इसीलिए अपने पैरों पर खड़ा हुआ।

श्री राम ने भी यत्न किया,
परशुराम ने भी प्रयत्न किया।
कर्ण भी धुतकारा गया,
हर तरफ से मारा गया।
सीखो और बुद्धि लगाओ,
फिर नहीं रहोगे हारा हुआ।
धूल में पला मैं बड़ा हुआ,
इसलिए अपने पैरों पर खड़ा हुआ।

बरसात

टिपटिपाती बूँदों की अवाजें,
मेरी खिड़की से गुजरती है।
बाल्कनी से बरसते बूँद देख,
इंद्री चंचले समीर बन जाती है।
शाक-शाक नव पुष्प पत्ते अटखेलती,
ये बरसात भी सबको भा जाती है।

थमका नालियों, झील, नदी आदि,
तेज वेगों से प्रवाहित होने लगते हैं।
सड़क, पेड़-पौधे ये खुला वातावरण,
सब में हरियाली छा जाती है।
आरी आरी घास उग जाती है,
ये बरसात भी सबको भा जाती है।
नव जीव जलचर नर प्राणी के,
जीवन में उमंग भर के समा जाती है।
बूँदों से बिछड़कर बादल भी,
खाली-खाली हो जाता है।
गगन में चेहरा झलकने लगता है,
ये बरसात भी सबको भा जाती है।

कड़कती बिजली की आवाज सुनकर,
बच्चें माँ की गोद में सिमटकर।
ख़ामोशी से सो जाते है,
मलाहो की जाल की घुँघरू से।
मधुर संगीत सुनाई देता है,
ये बरसात भी सबको भा जाती है।

माँ के मना करने पर भी,
बड़वश मेघों में खेलता था,
सुहाने आँगन में बुलबुला, नाचती,
फूगा की तरह फूग के,
धरा में हिल मिल जाती है।
ये बरसात भी सबको भा जाती है।

आवाज़ तुम देना माँ

आवाज़ तुम देना माँ,
जब अंधेरी रात सो जाए।
मैं भी तेरे आँचल में,
चुपके से सो जाऊँ।
वो दिन नहीं वो रात नहीं,
शोले ही शोले बरसते है।
वो प्यार हमको भेजो माँ,
जिसके लिए तरसते है।
जब जुनून सवार हुआ तो,
तुझको भी मैं भूल गया।
दुश्मन के टैंक को,
अकेले ही थाम लिया।
आवाज़ तुम देना माँ,
जब अंधेरी रात सो जाए।

ज़िम्मेदारी

मार दिया मुझे एक,
चिंगारी ने।
निगल लिए सपने घर के,
ज़िम्मेदारी ने।

अपने अंदर भी जज़्बा है,
कुछ करने का।
बोझ मेरे उपर है घर की,
पहरेदारी का।

बुझा नहीं हूँ, मैं अभी भी,
सुलग रहा हूँ।
रह जाऊँगा घर में अकेला,
फिर क्या करना सफारी का।

मैं चक्कर खाकर गिर जाता हूँ,
और वो लोग हँसते हैं।
जिसके पास अभाव है,
समझदारी का।

मुझे मालूम है मैं किस हद,
तक जा सकता हूँ।
पर उस आँख का क्या करूँ,
जो गवाह है हिस्सेदारी का।

मैं सिर से पाँव तक,
लहूलुहान हो गया।
लोग सबूत माँगते है,
मेहनतदारी का।

लहलहाएगी फ़सल एक दिन,
हमारे खेतों मे भी।
जब छाँव हटेगी,
दोपहरी का।

अभी पनपी है

अभी पनपी है हमारे सीने से,
कोपल बन के,
अभी तुम अपनी धारा पर,
बहकने दो, लहकने दो,
पैदल निकल पड़ा है,तुम अपने में,
रमने दो,
इसे भी धारा छोड़, अम्बर में,
टहलने दो,
अपने भाव के मोती को,
बिखरने दो,
बादल में बदलती वाष्प के साथ,
बदलने दो,
ये अनल में जलना चाहता है,
जलने दो,
धुआँ बन गगन को,
चूमने दो,
अभी पनपी है हमारे सीने से,
कोपल बन के।

आयी - आयी बादल

मेघों के संदेश लाई बादल,
हँसती बादल बोलती बादल।
सफेद बादल चलती बादल,
देखो ! आयी आयी बादल।

आसमान को घेरने बादल,
मन को जोश जगाने बादल,
खिलौल करती आयी बादल,
देखो ! आयी-आयी बादल।

बच्चों के साथ राग गुनगुनाने बादल,
फसलों से हाथ मिलाने बादल,
चहक - वहक करने बादल,
देखो! आयी आयी बादल।

धारा से खुशियाँ बाटने बादल,
जीवन में रंग उड़ाने बादल,
थोड़ी सी शर्माती बादल,
देखो ! आयी आयी बादल।

हँसने, मुस्कुराने, बोलने, बादल,
दोस्ती यारियाँ निभाने बादल,
दिन में शाम लायी बादल,
देखो ! आयी आयी बादल।

जलमग्न गर्भधारण किए बादल,
तपती वसुन्धरा को, ठंडक करने बादल,
सुहानी सी रिमझिमाती बादल,
देखी ! आयी आयी बादल।

ज़िंदगी

पूरी पढ़ ली हमने, ज़िंदगी की किताब,
लेकिन मतलब क्या था,
यही समझना रह गया।

चल तो दिया सफ़र में,
लेकिन सामान क्या ले जाना था,
यही समझना रह गया।

तर्जुबा तो सिखाया था, ज़िंदगी
ने हमे लेकिन, तर्जुबा क्या था,
यही समझना रह गया।

सालों से मेहनत किया, कड़ी धूप में
लेकिन, तैयारी किसकी थी,
यही समझना रह गया।

आखरी पड़ाव में भी, मोहलत दी है,
ज़िंदगी ने हमे लेकिन, उम्र भर का,
सिलसिला क्या था,
यही समझना रह गया।

उम्र भर बाँध बनाता रहा,
पानी रोकने के लिए लेकिन,
बहाव किधर का था,
यही समझना रह गया।

मैं बोझ उठा रहा हूँ,
अपनों के लिए लेकिन,
अपना किसको कहूँ,
यही समझना रह गया।

खून निकल आया है,
चलते चलते लेकिन,
ठोकर कहाँ लगी थी,
यही समझना रह गया।

लोग याद करते हैं,
अपने मतलब के लिए लेकिन,
मैं खुश क्यों हो गया था,
यही समझना रह गया।

घाट-घाट का पानी पीया,
अनुजा लेकिन, फ़र्क क्या था,
यही समझना रह गया।

मेरी वेदना

वर्षों से दूसरों ने लहू पीया,
अब अपनों ने पी रहा,
भगत सिंह, मंगल पांडे का,
नहीं रखा है कोई मान,
हँसते-हँसते सूली पर चढ़े,
हो रहा उनका अपमान,
कभी न झुकने वाला हिमालय,
शर्म से आज झुक रहा,
आज भी ज़मी मेरी,
बिलख-बिलख कर रो रही !

पवित्र मिट्टी की चादर पर,
दाग पर दाग लग रही,
ममता से भरी इस भूमि पर,
बेईमान दरिंदो से भर रही,
सफ़ेद कुर्ता पहनकर यहाँ,
करते है सरेआम गुनाह,
भारत वर्ष के सर से,
स्वर्ण मुकुट हट रहा,
आज भी ज़मी मेरी,
बिलख-बिलख कर रो रही है!

धूँधले-घूँधले हुए है नजारें,
कोई नहीं पहचान में आए,
कौन बेटी कौन माँ-बाप,
सबने है लाज गवाएँ,
आधा कपड़ा देख कर मैं,
खुद को हवा में छिपाती हूँ,

कभी न सूखने वाला सागर,
रेत-रेत दिख रही,
आज भी ज़मी मेरी,
बिलख-बिलख कर रो रही है!

बहने लगी है कड़वे पवन,
अब उसमे मिठास नहीं,
माँ-बाप के सहारे छीनने लगी है,
बहुओं के भाग जाग रही,
इज़्ज़त का सौदा होने लगा है,
संस्कार हमारे बिक रहे,
गर्व था हमे जिस अरमान पे,
वो भी टूट के बिखर रहे,
आज भी ज़मी मेरी,
बिलख-बिलख कर रो रही है!

{द्वापर में एक ऐसे युग पुरुष का जन्म हुआ। जिसने अपने बल से भारतवर्ष के कृति को धवल कर गया और अपने बल से अपनी शक्ति से यह साबित कर दिया कि मानव जन्म से नहीं बल्कि कर्म से महान होता है। मैं बहुत सौभाग्यशाली हूँ कि ऐसे युग पुरुष के जीवन पर कविता लिख पाया हूँ। मैं बात कर रहा हूँ महारथी कर्ण का, जिसने सूर्य बनकर जन्मा सूर्य बनकर जिया और सूर्य बनकर वीरगति को प्राप्त हो गया।}

कर्ण

फिर से उसी ज़मी पर,
वही कहानी दोहराया जाएगा।
फिर से उसी प्रांगण में,
वही प्रश्न पूछा जाएगा।

फिर से उसी कर्ण को,
और कितना सताया जाएगा।
ऊँचे कुल के प्राणी को ऊँचे,
और हमें कितना गिराया जाएगा।

द्वापर हो या कलयुग सदियों से,
यही किया जाएगा।
सिंहासन उतराधिकार संभालेगा,
अधिकारी को और सताया जाएगा।

फिर से मेरे माथे पर,
वही मोहर लगाया जाएगा।
रंग भूमि में आखिर कब तक,
वही रित चलाया जाएगा।

मैं तो ठहरा सूत पुत्र लेकिन,
ऊँचे कुल का यही बुद्धि है।
करते फैसला वंश गोत्र देख के,
जो मात्र भर की प्रसिद्धि है।

चाहे संसार तुम्हें गुरु माने,
पर मैं नहीं मानने वाला।
जाती छोटी हो अथवा बड़ी,
पर जो भी हूँ, हूँ खुद को जानने वाला।

ये युद्ध किसलिए

ये युद्ध किसलिए किसलिए,
उठा रहे हो तलवार।
ताकि नदियों के पानी सुख जाए,
बहने लगे लहू की धार।

सुख शांति सब पृथ्वी,
पर खत्म हो जाए।
चारों तरफ हो तबाही,
और केवल हाहाकार रह जाए।

हो हर तरफ माताओं के,
ममता का अपमान ।
टूट कर बिखर जाए,
बूढ़े पिता के अरमान।

जिधर देखो! उधर हो,
बहनों की रोने का अलाप।
ध्वनि में सुनाई देता रहे,
विधवा पत्नी का विलाप।

क्यों हो प्यासे तुम सब,
एक दूसरे के लहू के !
क्यों सिंदूर मिटाना चाहते हो,
एक दूसरे की बहु को !

क्यों वीरान करना चाहते हो,
इस सोने के चिड़ियाँ को !
क्यों सहारा छीनना चाहते हो,
मासूम गुड्डे और गुड़ियों को !

क्यों मेरे शरीर को करना चाहते हो,
रक्त से रंजित लाल !
क्यों करना चाहते हो,
भारतवर्ष को वीरों से अकाल !

एक माता के लिए कितनी,
दुर्भाग्य की बात है।
बेटे का शीश गिरा हो गोद में,
और हाथों में कटे हाथ हो।

मेरे बच्चें मेरी सुनो।
इससे बड़ा कोई आदेश नहीं।
जीवन सार्थक हो मानव का,
इससे बड़ा कोई उद्देश्य नहीं।

बची रहने दो खुशी, सुख, चैन,
फैलाओ दुनिया में अपनी सुगंध।
इससे होगी ख्याती तेरी,
जल्द करो इसका प्रबंध।

****

मैं खुश हूँ कि आज़ाद हूँ,
दुःख ये भी है कि बर्बाद हूँ,
तुम मनाओ गुलामी का जश्न,
हम आज़ादी का शोक मनाते हैं।

संकल्प

मेरी क्या औकात है मैं मात्र बिंदु हूँ,
मेरी क्या पहचान है मैं मात्र हिंदू हूँ,
न मैं किसी से छोटा हूँ, नहीं बड़ा,
मैं अपने पैरों पर कभी न हो पाया खड़ा।

जो कुछ भी हूँ किसी के वजह से हूँ,
मुझे अहंकार नहीं करना ऐसी जगह से हूँ।
न मैं किसी से कमज़ोर हूँ नहीं ताकतवर,
न मैं बंदूक चला सकता न उठा सकता तलवार।

मुझे अपने लोगों पर शासन नहीं,
बल्कि सेवा करना है।
मुझे किसी को पीछे नहीं छोड़ना,
बल्कि साथ लेकर चलना है।

राज्य में हो हड़कंप मचा,
व्याकुल हो भूख से बच्चा।
तब राजा कैसे सो सकता है,
जब राज्य में हो भूकंप मचा।

प्रहरी प्रहारों के डर से हो काँपा,
नौजवानों के सीने पर हो बेरोज़गारी का धब्बा।
तब राजा कैसे सो सकता है,
जिस्म से नोच के बोटी हो काटा।

मेरा यही संकल्प है खुश रहे सभी लोग,
न दुःख हो न हो राज्य में कोई व्योग।

मैं हिंद का राजा नहीं सिपाही हूँ,
मैं मैं नहीं सच में आपही हो।
मेरी क्या औकात है, मैं मात्र बिंदू हूँ।
मेरी क्या पहचान है, मैं मात्र हिन्दू हूँ।

आज़ादी दुल्हन है

दुल्हन बनी तू जोड़े में सजी,
क्या मालूम पागल कर देगी चाहने वालो को।
कुछ देर रुक जा मौत, दुल्हन के खातिर,
घूँघट उठा लूँ, जी भर देख लूँ, चाहने वालो को।

दुल्हन नई है, नवेली है,
उसे क्या मालूम की क्या पहेली है।
दिल न तोड़ मेरा न उसका,
बचपन से है वो मेरी, मैं उसका।

पूछ मत की लगी है, दिल में आग कैसी।
पूछ मत की बज रही है, कानों में राग कैसी।
उसको भी लुटाना होगा आज ही क्या,
जो पलता रहा अभी तक अनुराग जैसा।

ए दुल्हन मैं तुमसे, एक वादा करता हूँ।
तुझे मैं नहीं मिला, पर है रखवाले कितने।
तेरी एक मुस्कान पर है,
न जाने जान छिड़कने वाले कितने।

ले चल ए मौत जहाँ भी तेरी मर्जी है,
न कोई वेदना न कोई अर्जी है।
अपनी दुल्हन तुम्हारे हवाले किया दोस्तों,
सबका है ये, अपना मत समझना,ये खुदगर्जी है।

आप और हम सुख चैन से जी रहे हैं।
इसके पीछे एक माँ की ममता खर्च हो गई।
एक बाप की लाठी टूट गई, एक बहन की राखी छूट गई।
एक ऐसा नौजवान जिसने इश्क़ किया तो सिर्फ आज़ादी से,
जिसने मौत को दुल्हन समझकर गले लगाया, और शहीद हो गए।
मैं बात कर रहा हूँ, शहीद-ए-आजम भगत सिंह की,
मैं नमन करता हूँ, ऐसे वीरों का जिसे मौत का भी खौफ नहीं था।

एक पीपल

ये पेड़ बहुत स्यानी है,
लाजवाब इसकी कहानी है।
ये पेड़ बहुत पुरानी है,
अनोखा इसकी कहानी है।

कभी ये छतरी बनकर,
बादल को ललकारता है।
कभी सूरज भैया को,
आवाज़ देकर पुकारता है।

कभी ये बच्चा बनकर,
बच्चों के साथ हँसता मुस्कुराता है।
कभी ये नौजवानों के लिए,
प्रेरणा के स्रोत बन जाता है।

कभी ये पापा की जवानी,
को दोहराता है।
कभी ये मेरे पुरखों की,
कहानी कहता है।

मेरे गाँव का चौकीदार भी यही,
मेरे गाँव का सरदार भी यही।
जब भी किसी को कुछ जानना होता है।
सब इसी के पास जाता है।

कभी ये हाथ उठाकर,
अल्लाह से दुआ माँगता है।
कभी ये हाथ जोड़कर,
भगवान से प्रार्थना करता है।

ये मुझे भी जानता है,
आने वाले पीढ़ी को भी जानेगा।
इतने उपकार हम सब पर किये,
भला इसके वंशज को कौन नहीं पहचानेगा।

इसने अपना कर्तव्य निभाया,
हमारा अभी बाक़ी है।
मेरा जीवन तो खत्म हुआ,
आने वाले पीढ़ी अभी बाक़ी है।

चंद्रप्रभा

जे जानितो तो कबहु न,
वियाहितो तोर आँगनवा।
सखी सीता मोर सुखमारी,
काहिको छोड़ आयो वनवा।

आँहा भी प्रजा के सुनिलौ अलाप,
काहे न सुनिलौ प्रभु, सखी सीता के विलाप।
न तू हाऊ न देवर लक्ष्मण,
न देलौ सैनिक कोई नहीं कावनो संरक्षण।

अवला नारी के छोड़ न जाने,
मन में का विचारी।
बड़ा दुख भयो प्रभु।
सखी बनी हैं, जंगली जानवर के शिकारी।

तू हाऊ सर्वज्ञ त बताद,
अइहे सखी सीता कब।
ले जाइब मिथलांचल बाक़ी,
फइल से रहीह सब।

सखी के न वर हितैसी,
नहीं कनवो प्रजा।
सखी ही भोगत रहिए केवल,
बिन गलती के सजा।

बारह जन्म के व्रती ऊ,
सात जन्म के सती,
सखी के भाग्य से आखिर,
कब तक खेलत रहिए नियति।

हाँ, सच कहत हाऊ चंद्रप्रभा,
हमही हई दुश्मम नहीं कवनो सभा,
प्राण प्रिय मोर हीय के,
न कईनी रक्षा प्रिय सिय के।

अपराध पर अपराध हम कइनी,
सजा भोगत है सिर्फ़ मृगनयनी।
पंचवटी के अपराधी भी हम,
सारे दुःख के वादी भी हम।

(चंद्रप्रभा सीता माता की बचपन की सखी थी। जब श्री राम सीता माता की परित्याग कर देते हैं। तब चंद्रप्रभा श्री राम से जो प्रश्न पुछती है। मैंनें वो अपने कविता के माध्यम से कहने का प्रयास किया है।)

सियासत

ये सरकार जो भाषण दे रही है,
मतलब क्या है, और क्या बोल रही है।
ये कौएँ की तरह काँव - काँव करती है,
और कुत्ते की तरह भाँव - भाँव करती है।
इसको वही लोग सुनता है,
जिसको काम नहीं है न कोई धंधा,
जो कानो से बहरा आँखों से हो अंधा,
सियासत के नेताओ के हाल है
कुछ ऐसा,
मरे हुए कुत्ते पर लिपटे हो, एक झुंड जैसा।

हम मूर्ख है, बेवकूफ है,
जो इनकी बातों में आते है,
थोड़ा सा लालची होकर,
उम्र भर पछताते है।
हम इनके हाथों की कठपुतली है,
जो चाहेंगे वो सुनाएंगे,
जो चाहेंगे वो दिखाएंगे।
हम बंदर है वो है मदारी,
हम कब तक इनके इशारे पे,
नाचेंगे कब तक कठपुतली बने रहेंगे।
मेरे भारतवासी मत समझो कि आज़ाद हो,
सच तो ये है कि बर्बाद हो।

एक लड़का

इस बार भी माँ का सपना
हो गया है भंग,
चल साधु शुरू करे
फिर से नई एक जंग।

मुझे जरा भी नहीं खेद है कि,
ऊँचाइयों से गिरा हूँ।
खेद तो उन्हें है जो,
चढ़ाइयों से उतरा हो।

जो मैं सोचूँ सच हो जरूरी है क्या?
जो मैं देखें सच हो जरूरी है क्या?
जो मैं सुनूँ वो भी सच हो जरूरी है क्या?
समझ गया हारना ही जीत से जरूरी है क्या?

अब मैं समझ गया मान गया,
सफलता - असफलता जीवन के हिस्से हैं।
जो है ऊँचाइयों पर पूछो उसी से,
कि वो कितने बार दोनों के बीच पीसे हैं।

बस मन छोटा मत करो पापा,
अब नहीं गाँव के ताने सुनना होगा,
रिश्तेदारों को मेरे बारे में बताने से,
अब नहीं घबराना होगा।

मैंनें जो समय खर्च किया उसे मोड़ देना है,
इस बड़े चट्टानों को तोड़ देना है,
उधर पिता का विश्वास टूट रहा है,
तो मेरा भी मुश्किल होगा अब सोना।

बहुत हो गया अब नहीं रुकना है,
अब नहीं चूकना है।
जो सपना है मेरी माँ की आँखों में,
बस उसी लक्ष्य तक पहुँचना है।

लड़ाई

विश्व के अंदर देश की लड़ाई,
देश के अंदर राज्य की लड़ाई,
राज्य के अंदर जिले की लडाई,
जिले के अंदर गाँव की लड़ाई,
गाँव के अंदर घर की लड़ाई,
घर के अंदर व्यक्ति की लड़ाई,
लड़ाई को किसने जन्म दिया,
मैंने या तुमने,
ज़िंदगी शुरु भी लड़ाई से,
ख़त्म भी लड़ाई से,
क्या सच में यही जीवन है,
या इसके अलावा भी।

वीरान होगा घर मेरा

वीरान होगा घर मेरा,
वीरान होगा गाँव मेरा,
पेड़ से उतरकर फूट-फूट कर,
खूब रोएगी छाँव मेरी।
जो मुझे दुनिया समझती है,
उसकी दुनिया उजड़ जाएगी,
जो मुझे ज़िंदगी समझती है,
उसकी ज़िंदगी बिखर जाएगी।

तड़प के रह जाएँगे गाँव के आवास,
जब देखेगी हँसता लाश,
अब न रास्ता आगे को है,
कुछ ख़बर नहीं कहा जाने को है।
मेरा मन कहता कुछ और,
दिमाग कहता कुछ और,
इस और और के मध्य में,
फँसा है मन और दिमाग।

बड़ी दुविधा की बात है,
कोई आस है न पास है,
आँखें बंद किया और सोचा,
सब अपने हैं सब खास है।
चलो बुद्धि बदलते है,
अपने देश के लिए कुछ करते हैं,
कदम मुड़ाकर चल दिया,
अपने गाँव अपने शहर।

एक कविता

एक कविता तेरी बातों पर लिखी,
एक नगमा तेरे जज़्बातों पर लिखी,
एक ग़ज़ल तेरे होंठों पर लिखी,
एक नज़्म तेरी आँखों पर लिखी,
एक ख़त तेरे बालों पर लिखा,
एक शायरी तेरे गालों पर लिखी,
जो भी लिखा जो भी सोचा,
जो भी देखा जो भी सुना,
जो भी किया सब तुमसे जुड़ा,
प्यार हो या जुदाई,
खुशी हो या तन्हाई,
अब अपने पास न प्यार
खोटा सिक्का है,
समान के भाव जाके
बाजारों में बिका है,
यह रीत नई नहीं है,
यह तौर पुरानी है,
आसानी से भुलाऊं कैसे,
जो बीती हुए जवानी है,
बेचारा जुदाई में ही मर जाएगा,
कॉलेज की मशहूर कहानी,
पलकों से उतर कर खूब रोएगी,
आँखों का बहता पानी,
इस केस के जज हो तुम,
और अपराधी है हम,
तुमने तो फैसला सुना दिया,
मैं कटघरे में खड़ा सुनता रहा,

गुनता रहा,
तुमने कहानी को भी ख़त्म कर दिया,
और उसके किरदार को भी,
तुमने नौका को भी ख़त्म कर दिया,
और उसके पतवार को भी,
हाय! बेबस मैं कितना
तेरे प्यार के आगे हो गया,
जमीन बिछी करवट बदलकर
चैन से सो गया।

कॉपी

इस कॉपी के फटे पन्नें देख,
बहुत कुछ याद आता है।
ये वही कॉपी के पन्नें है,
जिनपे तीन शब्द लिखने के लिए,
पूरी कॉपी खर्च कर दिया।

मैं रात भर कोशिश करता रहा,
केवल तीन शब्द लिखने का,
पर जैसा लिखा होना चाहिए था,
वैसा कभी लिख न पाया,
पर खेद है! पूरी कॉपी खर्च हो गई।

इससे अच्छा और होना चाहिए,
इससे अच्छा और होना चाहिए,
इसी उलझन को रातभर,
सुलझाने की कोशिश किया पर,
जैसा होना था वैसा नहीं लिख पाया।
नई कॉपी, नई, कलम, नये जज़्बातों,
के साथ हर रोज लिखता था,
सोचता था आज दे ही दूँगा,
पर बात दिल तक ही रह गया,
मैं कभी दे ना पाया।

तेरा मुक़दमा

धागा एक पुराना था जिसे टूटना ही था,
मालूम था मुझे मामला यहाँ तक पहुँचना ही था।

ये मुक़दमा कब से चल रही है,
पर अभी तक सुनवाई नहीं हुई।

लगता है मुक़दमा ज़िंदगी बन गया,
हाज़िरी साँसें।

पहले जज तो बुला लिया होता,
फिर ख़बर भेज दी होती,

सुनो! गवाह लाई हो,
या खाली हाथ आई हो,

नहीं लाई हो तो बोलो मुझसे,
मैं वो धूप, लम्हें, छाँव लाऊँ कहीं से।

फ़िक्र मत करो तेरे हित में बयान देंगे,
बदले में हम कुछ भी नहीं लेंगे।

नहीं तो जज मुझे बना लो,
और जीत अपनी तरफ कर लो।

पहली कमाई

माँ तेरे गले का हार,
द्वार तक चल के आया है,
मेरी ज़िंदगी की यही,
हुई पहली कमाई है,
23 वर्ष तक बीज लगा के,
आस लगाई थी, वो दिन वो घड़ी,
सामने तेरे आई है, माँ!
मेरी ज़िंदगी की यही,
हुई पहली कमाई है।

न जाने अपनी झोली में,
क्या-क्या भर लाई है,
स्वर्गमय सौंदर्य सा,
अपना घर सजाने आई है,
सारी पुण्य धर्म,
सौंदर्य की,
अंकुर बन मही पर,
उतर आई है,
माँ ! मेरी ज़िंदगी की यही,
हुई पहली कमाई है।

आज मही पर पहली बार,
बड़ा अनोखा दिन आया है,
माँ तेरे बाद फिर से,
सुने आँगन में,
किसी की पायल,
छमछमाई है,
अपना हर एक पल,

हमपे लूटाने आई है,
अपनी ज़िंदगी से,
हमारी ज़िंदगी सजाने आई है,
माँ ! मेरी ज़िंदगी की यही,
हुई पहली कमाई है।
वो भी अपनों को,
किया पराया,
और दूसरे को,
अपनाया है,
उसके भी जीवन में,
हुई कैसी ये लड़ाई है,
अपनी मनपसंद का खेल,
सारी संजोगी सपने,
सब इक गाठ में,
तेज आई है,
माँ ! मेरी ज़िंदगी की यही,
हुई पहली कमाई है।

वह माईके की सारी,
कमाई देने आई है,
तेरे घर की लक्ष्मी की,
यही हुई परछाई है,
अनगिनत तारों में से,
एक तारा लाके
मैंने झोली में तेरे,
डाला है,
माँ! तेरे गले का हार,
द्वार तक चल के आई है,

माँ! मेरे ज़िंदगी की यही,
हुई पहली कमाई है।

मुझपे जितनी ममता,
खर्च करती है,
उससे ज्यादा की,
हक़दार आई है,
तेरे लाल की ललक,
वही लेकर आई है,
लहर लेकर सागर को,
कहाँ छोड़ आई है,
माँ ! तेरे गले का हार
द्‌वार तक चल के आई है,
माँ ! मेरी ज़िंदगी की यही,
हुई पहली कमाई है।

नया सवेरा, नई मुस्कान, नया चेहरा,
सामने तेरे आया है,
सच पूछो तो माँ तेरे बेटे ने
दूसरा जन्म इसी से पाया है,
माँ ! तेरे गले का हार,
द्‌वार तक चल के आया,
माँ! मेरी ज़िंदगी की यही
हुई पहली कमाई है।

पहला प्यार

आज पहली बार इज़हार
किया हूँ मैं,
ज़िंदगी का पहली बार श्रृंगार
किया हूँ मैं,
इस बाग को प्यार से,
सदा सिंचते रहना,
क्योंकि अपनी खुशियों का भी,
देनदार किया हूँ मैं।

पहला प्यार, पहला मिलन,
पहली ज़िंदगी,
पहला संसार, पहली उम्मीदों का,
नींव लिया हूँ मैं,
उदासी भरा चेहरा
मत रखना,
क्योंकि तुम्हारी खुशियों का,
खरीदार किया हूँ मैं।

वसंती मौसम से मोल
किया हूँ मैं,
रातराग रानी से तोल
किया हूँ मैं,
हर बेला प्रवासी बने
गुनगुनाते रहना,
क्योंकि उसके लिए यही पहला,
गोल किया हूँ मैं।

तुम्हें अपनाने की कोशिश
हज़ार बार किया हूँ मैं,
दिनचर्या की तरह प्यार
किया हूँ मैं,
ए हमी हम से सौदा कर
उन्हें खुश रखने का,
क्योंकि आज से उसे अपने,
हक़दार किया हूँ मैं।

तुम्हारे लिए क्या नहीं
किया हूँ मैं,
पौष की रातों में भी,
बारिश का इंतजार किया हूँ मैं,
तुमसे नहीं माँगूंगा
कुछ और भी,
क्योंकि तुमसे प्यार किया हूँ मैं।

आज अलग अलग सी
दुनिया जिया हूँ मैं,
इससे भला और क्या
जिया हूँ मैं,
दूसरों से जीने का
वास्ता छोड़ दिया,
क्योंकि तुम्हें बार-बार
जिया हूँ मैं।

अनजान शक्लों सूरत

ए अनजान शक्लों सूरत,
तुझसे वाकिफ तो नहीं है,
पर तुम प्यार करने आई हो,
तो पहले प्यार की पढ़ाई करनी होगी।

चलो मरुभूमि में धान लगाए,
गर उग जाए तो कर लेंगे,
इस प्यार को कोई दस्तावेज़,
मिल जाए तो कर लेंगे
आँधी में मेरी पतंग की डोरी,
न टूटे तो कर लेंगे,
दिन में तारे की कहानी सुनी हो,
गर सच हो तो कर लेंगे।
कर लेंगे टूट के करेंगे,
पहले किया था उससे ज़्यादा करेंगे,
पर ये नामुमकिन है,
इससे वाकिफ हूँ, समझता हूँ।

कैसे चलते चलते सोया था,
कैसे हँसते हँसते रोया था,
ए अनजान शक्लों सूरत,
अब नहीं रोना है।

इस पहर को

इस पहर को सलामियाँ दो न,
इस मोड़ को नई कहानियाँ दो न,
जिसके बिना अधूरे है ये,
इसको एक नई जवानी दो न।

खंडहर हुई है इमारत,
इसे फिर से सजा दो न,
अफ़वाह भरे बाज़ार को,
देखी दिखाई निशानियाँ दो न ।

गए हैं कई रवानियाँ छोड़कर,
आए है कई उम्मीदें लेकर,
इस भरी हुई महफ़िल में,
तू इसे फिर से पेशानियाँ दो न।

अकेला इसे बहुत पसंद है,
दौरे आलम में बेचैन सा रहता है,
ये ख़ामोशी चाहता है,
तुम अपनी ख़ामोशियाँ दो न।

इश्क़ तेवर में मग़रुर ही है,
ज़िंदगी के नवनुर ही है।
मजा इसमें और भी आ जाएगा,
तुम अपनी नदानियाँ दो न।

मेरा स्कूल

ये है मेरे स्कूल, यही हुई है
मेरी शिक्षा,
यही से उत्तीर्ण किया मैं,
जीवन की पहली परीक्षा।

आज फिर से स्कूल की,
हर एक बात याद आती है,
मास्टर जी से मार खाना,
मैडम जी से प्यार पाना याद आता है।

ये टूटा हुआ पुरवारी बगल के,
खिड़की का छड़,
जिससे होकर टिपीण में भाग जाते,
और बगल की आंटी का घर।

आंटी भी समझाती थी,
बेटा टिपीण में भागना गलत है,
तब मैं जवाब में बोलता अभी से,
इतना सोचूँ ये भी गलत है।

और मेरे स्कूल के बीच में,
एक बुढ़ा आम का पेड़ खड़ा है,
जो की बरखा के पानी,
और सूरज भैया से लड़ा है।

और ये वही कदम्ब के पेड़ है,
जिसे मैं और वो मिलकर लगाया था,
हम दोनों ने बागवान की तरह,
निराई और पानी पिलाया था।

ये वही लड़की है, जिसके लिए,
सब कुछ छोड़ने के लिए तैयार था,
ओ भी मेरे बिना अधूरी थी,
सोचो, मेरे साथ कितना प्यार था।

वो स्कूल के लास्ट दिन था,
जब वो मेरे पास थी,
उसका चेहरा परेशान था,
और नजरें उदास थी।

वो एक दिन मेरे लिए,
कितना भारी था,
जैसे सारी दुनिया के दुःखों,
से अपनी यारी थी।

लड़खड़ाती हुई आवाज़ में बोली,
अब हम कभी नहीं मिल सकते,
क्या हम अपने पुराने वाले दिन को,
दोहरा नहीं सकते।

इस दिन हमको समझ आया कि,
सच्चा! प्यार क्या होता है,
सबसे ज़्यादा चाहने वाले से,
बिछड़ना क्या होता है।

सुनो ! ये लेटर और नोट्स,
अपना अपने पास रख लो,
ओ जो तुमने दिया है,
वो सारी की सारी यादें रख लो।

तब मैं बोला सुनो ! स्कूल ख़त्म होने से,
क्या अपना प्यार ख़त्म हो जाएगा ।
चाहे कितना भी कुछ हो जाए,
लेकिन अपना प्यार कभी ख़त्म नहीं होगा।

अपनी बातें बाद में कहना

अपनी बातें बाद में कहना,
पहले मेरी बात सुन लो,
प्यार बाद में करना,
पहले ये कहानी जान लो।

देखो! पत्थर पर कैसे
मोम पिघलते है,
इस दुनिया में देखो!
कैसे-कैसे से प्रेमी निकलते है।

रोमियो, जूलियट, मीरा,
अनारकली जैसी रगों में,
इश्क़ के प्रवाह नहीं,
इसके शौक है जरूरत नहीं।

सुनो! इन सब से हट के करना होगा,
आधी कच्ची कुमारी मोहब्बत को,
नई दिशाओं में जाना होगा,
सब सोच के हाँ करना होगा।

अच्छा है जो नहीं करती हो

अच्छा है जो नहीं करती हो,
मुझसे प्यार नहीं तो।

मैं भी अंधेरी रात की तरह,
दिन के उजाले का इंतजार करता।

सारी दनिया सोती पर मैं,
तुम्हारे ख्वाब में खोता।

सब अपने आप में रहता
मैं तुझमें।

सब रात की कामना करते
मैं दिन की।

सब की चाह उतने ही जीने की,
मेरी सदियों की।
सबको बरसात कड़वा लगती,
मुझको मधुर।

अकेले जा रही हो

अकेले जा रही हो दुनिया से,
हमको भी साथ में लेते चलो।

डर डर कर पाँव मत रखो,
निर्भय होकर चलते चलो।

तेरे जाने के सदमे में माझी रास्ता भूल गया,
ध्यान में लाने के लिए बोलते चलो।

ज़श्न मनाए दुनिया सारी,
हम फ़क़ीर चलो भटकने चलो।

पहुँची हो खुशबू भरी ये जहाँ है,
कहो किधर घूमने चले।

ध्यान से तलाश रही हो

ध्यान से तलाश रही हो,
मुझपे कोई शक आया है क्या?

पुरानी चीजों को बर्बाद कर रही हो,
बाहर नई बहार आई है क्या?

धुंधला-धुंधला लगता है चेहरा तेरा,
मुहब्बत जला के आई हो क्या?

नई कहानी रचा रही हो,
कोई कलमकार आया है क्या?

याद है मुझे

चाँद को भूल गया पर,
टूटा तारा याद है मुझे।

ख़त जला चुका पर,
हर एक शब्द याद है मुझे।

शान से लहलहा रही है शायरी मेरी,
जिसके बुनियाद थे हम ही याद है मुझे।

सोने के लिए आवाज़ देती थी,
दुभी वो याद है मुझे।

भीगे थे जम के बरसात में,
दिन वो भी याद है मुझे।

पास नहीं हो पर,
वो आहट याद है मुझे।

आज रो रहा हूँ पर,
मेरी हँसी भरा दिन याद है मुझे।

बुरी आदत तो अब हुई है,
अच्छी आदत याद है मुझे।

मैं तुम्हें याद नहीं पर,
तुम और तुम्हारी बाते याद है मुझे।

मेरे दिल को हाट ले जा

मेरे दिल को हाट ले जा पता नहीं,
भाव कितना मिल जाए।

मुझे सरेआम रहने दे पता नहीं,
किसकी जरूरत कब पड जाए।

मेरी पसंद की गोदरेज़ खोल दो,
जिसे जो पसंद है वो ले जाए।

रोको मत इन अश्कों को बहने दो,
चाहे जितना बहते जाए।

इन लबों को चुप रहने दो,
जब तक चुप रहते जाए।

इसे राहों पर गुजरते रहने दो,
जब तक गुजरते जाए।

नींबू मिर्ची नहीं अपनी तस्वीर लगा दो,
जिसे पसंद आए घर देखता जाए।

ग़ज़ल (शराब)

पहले कभी कभार पीता था,
अब ये मेरी जरूरत बन गई है।
हाथ लगाने से जिसे डरता था,
अब वही मेरी आदत बन गई है।

आजकल एक दो पैग से कुछ
नहीं होता है।
पूरी की पूरी बोतल चाहिए होती है,
मैं क्यों भागूं उठ के महफ़िल से,
मेरे साथ भी वही होगा, जो सबके साथ होता है।

शराब बुरी आदत है,
ये मानता तो मैं भी हूँ,
पर क्या करूँ की मुझे,
इसी ने संभाल रखा है।

मैं शराब पीता हूँ,
मुझे नशेडी मत कहो।
ये मेरी मज़बूरी है,
इसे ख्वाइश मत कहो।

क़तआत

कलम ने कॉपी से पूछा,
तुम मुझे इतना प्यार क्यों करती हो?
कॉपी मुस्कुरा के बोली,
तुम्हारे बिना मेरा वजूद अधूरा है।

तू जिस राह से गुजरती है,
उस पे मेरा आना जाना लगा रहता है,
पर हमेशा तेरे पाँव के निशान
मिलते है, तुम नहीं।

ए मेरे हमनवा हमें,
तोड़ने का सपना मत देख,
क्योंकि तुम से ज्यादा प्यार,
अपनी माँ से करता हूँ।

सोये मुर्दे को फिर से जगाना होगा,
शहर से निकले तो गाँव तक जाना होगा,
तस्वीरें जो दावा करती है, समृद्धि का तो,
गाड़ी से उतरकर पाँव तक आना होगा ।

खिलते फूलों को तोड़, क्यों सताने आई हो,
भँवरे से खुशियाँ छीन, हमपे लूटाने आई हो,
जैसा हूँ वैसा ही, रहने दो ना मुझे,
क्यों वो यादें, लौटने आई हो।

हम ही गुमराह हुए हैं कि,
तेरा क्या जाता है,
तु हँस न पगली
अब तेरा मेरा क्या नाता है।

मेरा दिल टूटा मगर इससे मुझे,
कोई एतराज़ नहीं,
उसकी ख़ामोशी खुद ही सवाल करती है
उससे जवाब क्या माँगू

जब तेरे नशे में दिल बीमार पड़ता है,
फिर ये कहाँ किसी की सुनता है,
ये अपनी ही रंग में ढल जाता है,
मगर प्यार तुम्हीं से करता है।

तेरी किस्मत में नहीं पर तुझमें तो हूँ,
ज़िंदगी में नहीं पर जान में तो हूँ,
फिर कैसे मुमकिन है फ़ासला अपना,
मैं हर तरफ से तुझी में तो हूँ।

महलों में रहने की आदत तो नहीं,
पर मेरे पास कोई दूसरा घर भी तो नहीं,
उसको उसके पसंद का मिल जाता है,
मेरे नसीब में क्या कुछ भी नहीं।

जुदा होने के बाद भी, आपका ज़िक्र
कानों से गुज़र गई।
अब आप ही बता दो कि
इस दिल का क्या करें हम।

पहले मेरे हिस्से में तू आई उसके बाद
गमों का सिलसिला जारी है,
दुःखी मत हो जो दिया था तुमने कल,
वो सिलसिला आज भी जारी है।

कहाँ दौड़ी भागी जा रही है खुशियाँ,
पीछे छूटा घर हमारा ही है।
लौट आओ ख़िदमत में पेश है ये दर्द,
पसंद आए तो ठीक वरना हमारा ही है।

कहती है इश्क के इस पार
जिंदगी, उस पार मौत,
मैं बीच वाला हूँ, पता नहीं हूँ मैं कौन?

मातम मना रही हो तो मना लो,
आँसू थोड़ी गिरेंगे,
तेरे एक आँसू कमाने में,
मुझे और क्या-क्या खोना पड़ेगा।

कत्ल कहाँ करोगे,

झनकी दे दो,
वो ठौर बता दो,
हम तुमसे पहले हाज़िर रहेंगे।

मेरी प्रियसी जवाब सुन के,
सवाल मत करना,
चाहे मुझ पर भड़क जाना,
लेकिन अपना दिल उदास मत करना।

आँख अंधी, जुबान गूंगी हो गयी,
इस कान का क्या करूँ,
जो कि तेरी हर आहट
पहचान लेता है।

कोई घर जला बैठा, तो कोई
अपना दिल जला बैठा,
और गवाही देने के लिए जिसे लाई हो,
उसी से पूछो तुम कि वो क्या-क्या जला बैठा।

हम इतने भी बुरे नहीं है,
जितना की लोग समझ बैठे,
अब शिकायत भी क्या किसी से करना,
जिसे जितनी जरूरत थी बस उतना समझ बैठे।

मैं बिना दिल के तुम्हारे, दिल में रहता हूँ,
कभी निकाल न देना, धक्के मार के,
इस मामले में जरा नाजुक है ये,
बाउंड्री पार न कर देना, छक्के मार के।

जिस झोपड़ी की तरफ
देखना भी पसंद नहीं था,
अब उसमें रईसों ने
पनाह ले ली है।

जिंदगी कितनी आसान होती,
जब तू मेरी पहचान होती,
सजाता हर कोना-कोना दिल का,
जब तू मेरी मेहमान होती।

फ़क़ीरी में गुजार दी हमने ज़िंदगी सारी,
दुपट्टा बेटी के लिए कभी उधार न खरीदा,
हर एक जरूरत पूरी की मगर,
रईसों की तरह कभी बाज़ार न खरीदा।

हक़ीक़त में तुम्हें पाना है,
इसीलिए मैं ख्वाब नहीं देखता,
मेरा क से ज्ञ तक छपा है तेरी आँखों में
इसीलिए मैं कोई किताब नहीं पढ़ता,
जादू सीखा दी हो न नज़रों को तुम,
शायद इसीलिए मेरा कोई रुआब नहीं चलता।

एक बार हारा हूँ तो क्या,
बार - बार थोड़ी हारूँगा,
तुम मुझे मिलो या ना मिलो।
पर हार थोड़ी मानूँगा।

जम के प्यार किया हमने,
जम के ठोकरें खाई,
इस जीती जागती जिंदगी में,
मैंनें मौत ग़ज़ब की पाई।

नयन में नूर खिले हैं,
मधुबन में फूल फले हैं,
राधा के बाद भी
इसमें मीरा बाई जली हैं।

चाँद - चाँद रटते हो
चाँद से कभी मिले ही नहीं,
वो मुझे ऐसे देखती है
जैसे कभी देखे ही नहीं।

तस्वीर जब कभी हाथ में उठाता हूँ,
आँखों को बहाना देकर फुसलाता हूँ,
तू प्यार थोड़ी करती थी जो,
आँसू निकाल के बतलाती है।

न जाने कौन सी मज़बूरी आ पड़ी,
वो दूर सामने से ही मुस्कुराते पड़ी,
गैर मौजूदगी में, तकरार कर बैठी
आईने से,
जब मैं सामने आया तो शर्मा पड़ी।

जहाँ जन्मों - जन्मांत का बसेरा था,
हम वहीं से बेघर हुए हैं,
अब किसी पर यकीन नहीं रहा,
जब से गाँव शहर हुए हैं,
कि अब कैसे ढूँढू उसमें मैं,
जब से अलग मुझसे उसके नज़र हुए है।

तेरे बिना दिन काटे है कैसे,
गिन के बताऊँ क्या?
दरिया सुख गई,
रेत निकाल के बताऊँ क्या?
कहती हो रास आ गया होगा
मौसम मेरे बिना,
पर ये तो जीया हूँ नहीं
तेरे बिना।

बंजर ज़मी पर भी
घास खिलखिला आई है,
आज घिरे आवरण में भी
मिठास छाई है,
चलो जीते है
जी भर के इसमें,
अपनी जिंदगी की
पहली शुरुआत आई है।

अरे ! हम पत्थर दिल से ही
रास्ता मुहब्बत का पूछ बैठे,
जो सिर्फ एहसासों को,
तोड़ने का ही हुनर जनता है।

तुम्हारे लिए होगा ये पतझड़ के मौसम,
हमारे लिए वसंत बहार,
तुम्हारे लिए होगा ये जलमग्न,
हमारे लिए एक बूँद का मोहताज़।

ये कैसी लड़ाई छिड़ गई,
खुद में, खुद की, खुद से हारना
पड़ता है,
खुद के लिए।

अपनी जिंदगी तो हम सपने
में ही जिया करते हैं,
हक़ीक़त में तो बस तेरे
यादों के दिन काटते हैं।

चमन में फूल खिले हैं नई-नई,
उनसे मिले हैं आज अभी अभी,
सारी जिंदगी सौंप दी उसे फिर भी,
लग रही है कमी-कमी।

तरस - तरस के देखते हैं कभी-कभी,
मैं समझ नहीं पाता जो कहती कभी-कभी,
वो जो दे दी है उसने हमें,
जानते है हमीं- हमीं।

खुदा ने बीज बोया कहीं कहीं,
तो उगी होगी यही कही,
पर पता नहीं ठिकाना उसका,
हम ढूँढ़ते हैं जहीं - तहीं।

कुछ अकेले शेर

- न बदलता हूँ न संभलता हूँ,
समझ में नहीं आता कि मैं क्या करता हूँ।

- ये जून है तो गर्मी रहेगी ही,
हम आशिक है तो आवारा रहेंगे ही।

- ए आँखें उसे तराशा तो है,
पर तुम्हें नींद क्यूं आ रही है।

- तू मेरे पास है फिर दूर कैसे,
मैं तरसता हूँ तेरे लिए फिर भरपूर कैसे।

- इश्क जिसे तू किताबी शब्द कहती है,
मैं ज़िंदगी जिसके बिना अधूरा है हर कोई।

- आज कल ये चल क्या रहा है,
बिना मुझे बताए तू बदल क्या रहा है।

- मैं कौन सा अदा चुकाऊँगी,
जब तुम्हीं व्यापार निकले रे।

- ये तेरा ही दिया हुआ है न,
जिसे मैं अब तक संभाल के रखी हूँ।

- पूर्णिमा के दिन भी चाँद नज़र न आई,
मौत की खबर सुनी फिर भी इधर न आई।

- मैं भी तो एक अतीत हूँ,
जिसे कल भुला दिया जाऐगा।

- दुनिया की करतूत है काली,
नींद से उठाकर सुला दिया जाएगा।

- बस्ती का अंधेरा भगाने के लिए,
मुझे ही जला दिया जाएगा।

- इक आग है मेरे अंदर उसे भी कुछ,
लोगों द्वारा भुलवा दिया जाएगा।

- बड़ी सुर्खियों में थी खबर एक अखबार में,
जनता भूल जाओ ये बदल गया व्यापार में

- मकान के नीचे दबकर मर गया मज़दूर एक,
जिसने ईंट को सिंचा था लहू से,

- बड़ा मजबूत है बापू तेरी बाजू,
एक क्षण में दिखा दिया अपना जादू।

- देखो कितना तड़प रहा है मेरा खत,
तुमने निकाला ही नहीं पढ़ने के लिए।

- तुम्हारी लगाई आग ऐसी थी कि,
संभलने का मौका तक न दिया।

- क्यूँ मरता रे दिल उसके पीछे,
उसे जिस्म चाहिए दिल नहीं।

तुमसे बेहतर तो ये मेरा फोन है,
जो हर ग़म, खुशी में साथ देता है।

जब चाँदनी हो तो,

तारों से क्या मतलब।
जब तू न हो तो तेरी तस्वीर,
को सजाने से क्या मतलब।

मैं मोम तु उसमें बत्ती,
तू जल गई मैं ढल गया।

इश्क करो, यह खुदा का खेल नहीं,
सबकी जरूरत है।

फुल से पंखुड़ी तोड़कर,
उसे उदास मत करो,
दर्द से ज़ख्म लेकर,
उसे निराश मत करो।

www.ingramcontent.com/pod-product-compliance
Lightning Source LLC
LaVergne TN
LVHW041133150826
845673LV00007B/2305

* 9 7 9 8 8 9 5 8 8 5 8 3 3 *